LA BOURGOGNE EN 1797

Extrait du *Bulletin d'Histoire et d'Archéologie religieuses du diocèse de Dijon.*

DOCUMENT CONTEMPORAIN

PUBLIÉ PAR

LÉONCE PINGAUD

LA BOURGOGNE

EN 1797

DIJON

DAMONGEOT ET Cie, IMPRIMEURS

40, rue Saint-Philibert, 40

1888

LA BOURGOGNE

en 1797

DOCUMENT CONTEMPORAIN

PUBLIÉ PAR

LÉONCE PINGAUD

NOTICE

L'AUTEUR du mémoire qu'on va lire, Daniel-Alexandre Pautenet de Vereux, naquit à Gray le 17 novembre 1758. Autant sa vie fut tranquille et obscure avant et après la période révolutionnaire, autant il déploya d'activité, de 1792 à 1800, au service des Bourbons en exil. Il avait rejoint d'abord avec son jeune frère l'armée des princes, où ils figurèrent l'un et l'autre dans le corps dit de l'Institution de Saint-Louis. Puis, pendant que le cadet allait se faire tuer au siège de Lyon, l'aîné passa en Suisse, et y devint l'un des agents les plus zélés et les plus hardis du parti royaliste.

Son principal champ d'action fut sa province natale, où il avait conservé des relations. A la fin de 1795, le prince de Condé, campé avec son armée près de Bâle, le chargea d'aller trouver le général Ferrand, commandant la place de Besançon, et de le rallier à la cause des Bourbons. Le jeune émigré, qui ne doutait de rien, réussit en effet à aborder le général, et fut bien accueilli par lui ; il revint rendre compte au prince du succès apparent de sa démarche, et il rentra en France muni des propositions fermes qui devaient, dans sa pensée, mener promptement à bonne fin la négociation. Il voyait déjà, grâce à lui, une nouvelle Vendée se formant dans l'Est, Louis XVIII venant de Vérone s'établir à Besançon, et le trône relevé uniquement par des mains françaises. Il comptait sans Ferrand qui, à la dernière heure, se sentit épié, près d'être trahi, et préféra ses serments de la veille à ceux qu'il avait jadis prêtés. Au sortir d'une entrevue où l'un et l'autre avaient paru parfaitement d'accord, le général essaya de surprendre l'émissaire royaliste et de le faire arrêter. Vereux lui échappa à grand peine, et quelques jours après put quitter clandestinement la ville. Les détails de cette aventure, consignés par lui dans deux mémoires adressés au prince de Condé, sont des plus curieux, et attestent sa présence d'esprit comme son courage : « Monseigneur, dit-il au prince en le revoyant, je plantais des choux chez moi avant la Révolution ; je voudrais les y arroser et savoir Votre Altesse tranquille à Chantilly ; je n'aurais rien à désirer ».

En attendant il reprit, au delà et en deçà de la frontière, sa vie errante et périlleuse. Lors du mouvement qui devait aboutir aux élections anti-jacobines de l'an V, il fut envoyé en Bourgogne : « Il me tarde, écrivait-il le 25 février 1797, d'avoir tâté le pouls à ces contrées, sur lesquelles on ne compte pas du tout et que l'on regarde comme détestables ». Pendant trois mois il les parcourut canton par canton, recueillant les éléments du rapport qui suit, et qui fut mis sous les yeux du comte de Provence, alors en Allemagne, à Blankenbourg.

L'année suivante, on le retrouve en Suisse, allant offrir aux Bernois, à la veille de l'invasion française, le concours aussi précaire qu'inutile des amis des Bourbons ; puis en Allemagne, d'où il envoie à l'Agence royaliste de Souabe des écrits de circonstance et des correspondances sur le Congrès de Rastadt ; puis en Alsace même, où il étudie, au moment des élections de l'an VI, la situation des armées et des populations ; et il en fut ainsi jusqu'au rétablissement de l'ordre en France et de la pacification générale.

Trompé dans ses efforts et ses espérances, Vereux regagna sa province à la faveur de l'amnistie de l'an X. Il n'en restait pas moins irréconciliable avec le régime nouveau : « L'absence, écrivait-il à un de ses anciens compagnons d'exil (27 décembre 1802), il ne faut pas le dissimuler, a diminué dans beaucoup d'individus l'intérêt dû aux absents et surtout à ceux qui n'ont pas pour eux le soleil levant. Ce défaut de sentiment va de pair avec les maximes du jour; c'est une pitié que de voir et d'entendre tout ce qui se passe et qui se dit. Je suis trop mécontent pour me supporter dans ce qu'on appelle la société ; je ne vois qu'un cercle très étroit de gens qui pensent et agissent en gens d'honneur, et ils ne sont pas nombreux ; mais leur société dédommage. Je pourrais vous citer des gens qu'il vous peinerait plus de savoir à côté de leurs principes que cela ne vous étonnerait; d'autres les ont conservés dans la conversation, mais non dans la conduite ».

Vereux épousa à cette époque la fille d'un ancien député aux États généraux de 1789, M. de Grange, et vécut dans la retraite. En 1814, il se retrouva un homme du jour, et voulut servir à Paris ceux à qui il s'était inutilement dévoué vingt ans auparavant. Il entra comme brigadier dans le corps des gardes de la Porte ; aux Cent-Jours, il suivit en cette qualité le roi à Gand, et s'estima récompensé de son dévouement quand le prince de Condé, rencontrant à Bruxelles son vieux serviteur, lui tendit la main et lui dit : « On vous trouve toujours sur le chemin de l'honneur ». Au retour, il reçut le grade honorifique de colonel, et les fonctions de prévôt dans le département des Basses-Pyrénées ; puis il revint, après la suppression des cours prévôtales, s'établir à Besançon, où il mourut le 3 mars 1830.

Parmi les nombreux écrits, rapports ou lettres qu'il a laissés, celui-ci surtout m'a semblé bon à faire connaître, comme renfermant des renseignements nombreux et précis sur la Bourgogne en l'an V (1797), c'est-à-dire au lendemain de la Terreur et à la veille d'une nouvelle crise révolutionnaire. Il a été rédigé un mois avant le coup d'État républicain du 18 Fructidor; et on y trouve, au milieu de nombreux détails statistiques et géographiques, des jugements sur les hommes alors au pouvoir et des remarques sur l'état des esprits qui ne sont pas sans intérêt pour l'histoire.

Léonce PINGAUD.

6 Août 1797.

Ayant été chargé pour le service du roi d'aller prendre de Châlon-sur-Saône à Dijon des renseignements sur l'esprit public de cette partie des départements de la Côte-d'Or et de Saône-et-Loire, ainsi que sur les ressources et les obstacles qu'elle pourrait offrir à la bonne cause, j'ai cru voir la nécessité de saisir l'ensemble de ces deux départements, afin de me rapprocher davantage du but proposé.

Parti de Suisse sur la fin de mars, j'ai abordé à Châlon d'où je me suis rendu à Dijon pour les élections. Lorsqu'elles ont été finies, j'ai parcouru les lieux les plus marquants de la Côte-d'Or et ensuite de Saône-et-Loire. J'ai formé en l'un et en l'autre des liaisons avec les chefs du clergé; j'ai vu des membres des deux administrations centrales, quelques-unes des diverses autres autorités constituées, d'anciens militaires, etc. (1).

La religion m'a paru revenir généralement, avec des succès toutefois bien inégaux en différents cantons; le clergé catholique, bien venu dans la plus grande partie, a partout des partisans.

1. Parmi ces derniers, l'auteur signale dans une note complémentaire :

A Dijon, M. Pinot, ancien brigadier de la gendarmerie royale, chevalier de Saint-Louis;

A Arnay-le-Duc, M. le chevalier d'Habert, ancien officier de gendarmerie;

Près de Saulieu, MM. le marquis de Balathier-Lantage, ancien capitaine de dragons, et de Champeaux de Bierre;

A Semur-en-Auxois, MM. de Bretagne et de Lestre de Saussay;

A Chatillon, l'officier de gendarmerie Verdin;

Près de Cluny, M. de Monteil, ancien gendarme royal;

A Paray-le-Monial, MM. Vial d'Alais, officier général constitutionnel, ancien commandant de Cayenne, et de Chantemerle, ancien major du génie;

A Gueugnon, M. Renardet, ancien officier de Royal-Cravate;

A Autun, M. de Millery;

A Châlon, M. de Cissey, ancien capitaine d'infanterie;

A Louhans, M. d'Epernay, ancien capitaine d'artillerie.

Le commandant de la division militaire est fort mauvais, mais il n'a ni talent ni considération, et presque point de troupes. On ne pourrait pas compter sur la gendarmerie actuelle, si ce n'est après un premier succès. La noblesse est généralement bien pensante, mais il y a peu d'énergie; j'ai cru en remarquer davantage dans la bourgeoisie, surtout dans celle qui a partagé les vexations et les dangers avec les deux premiers ordres. Les jeunes gens des villes ont presque partout un bon esprit; dans les campagnes ils aspirent au repos. Les marchands sont ceux qui tiennent le plus aux innovations, qui flattent leur intérêt et leur amour-propre. Quant aux peuples, ils verraient avec plaisir le retour du roi; ils montreraient même de l'enthousiasme; au surplus, ils suivent partout l'impression qu'on leur donne. La plus puissante de toutes est celle de la frayeur; vient ensuite celle de l'intérêt. La première est toute à l'avantage des Jacobins; la royauté a la deuxième en sa faveur, sauf de la part des acquéreurs, parce que les peuples commencent à ouvrir les yeux sur l'illusion des avantages dont on les a bercés. A l'exception de quelques chefs qui ont de l'audace, les Jacobins sont tous lâches; ce qui les rend redoutables, c'est leur union, la protection du Directoire et l'appui que l'on présume qu'ils trouveraient dans les troupes et surtout chez la plupart des généraux patriotes.

On peut espérer tirer bon parti des administrations de ces deux départements et d'un certain nombre de municipalités. Ces contrées offrent d'ailleurs de très grands avantages et des ressources en tout genre; au surplus, j'ai fait sur leur situation politique un rapport détaillé.

Beaucoup de personnes m'ont témoigné qu'il serait bien utile qu'il y ait un chef qui, réunissant les talents à la naissance, commandât la confiance et fît un travail préparatoire qui le mît à même d'organiser tous les moyens au moment utile. On m'a parlé de M. de Damas-

Montcalm, qui était dans ce moment là en Normandie, si je ne me trompe, mais pour qui l'on arrangeait un appartement à Châtillon-sur-Seine, qu'il habite quelquefois. On m'a aussi beaucoup parlé de M. le vicomte de Bourbon-Busset, comme ayant les plus grands moyens; on m'a dit en même temps que, dans le commencement de la Révolution, il avait manifesté quelques opinions philosophiques, en m'ajoutant qu'on l'en croyait revenu. J'en ai rendu compte à M. le prince de Condé et à M. de Précy.

Il y avait à Dijon, depuis longtemps, un papier périodique dans le sens jacobin; j'en ai fait établir un pour servir de contre-poison, où l'on parle en faveur de la religion, la morale et la justice, et où je pourrai faire insérer ce qui pourrait être agréable au roi (1). J'ai réussi à en faire faire un dans le même sens à Mâcon, où l'opinion publique a si besoin de guide. C'est dans le même esprit que j'ai cru devoir faire faire à Dijon une édition considérable de l'opinion de Camille Jordan que j'ai répandue et fait répandre dans les différents cantons.

La province de Bourgogne a été divisée en quatre départements, l'Ain, la Côte-d'Or, Saône-et-Loire et l'Yonne. Il ne sera pas question ici de l'Ain qui comprend la Bresse, le Bugey, le Valromey, le pays de Gex et la principauté de Dombes, ni de l'Yonne qui renferme l'Auxerrois et le Senonois; on trouvera seulement une courte analyse de la situation des deux autres départements.

Celui de la Côte-d'Or comprend le Dijonnois, le pays dit de la Montagne, une partie de l'Auxois et une petite lisière du Châlonnois.

1. Le journal jacobin est le *Journal de la Côte-d'Or*, imprimé chez Carion. Le journal royaliste est la *Glaneuse*, imprimé chez la veuve Dufay. Il eut douze numéros, du 22 juin au 7 septembre 1797. Son rival le salua d'une oraison funèbre ironique, dans son numéro du 30 fructidor an V.

Celui de Saône-et-Loire renferme la presque totalité du Châlonnois, l'Autunois, le Charollois et le Mâconnois.

Ces deux départements, qui surpassent en étendue, en population et surtout en contribution les trois qui composent la Franche-Comté (1), offrent d'immenses ressources dans la fertilité de leurs campagnes, dans la richesse de leurs coteaux et dans les avantages de leur commerce, dont la base est l'excellence de leur sol, la nature de leur position et la facilité des communications. Sous le point de vue militaire, leurs parties montagneuses, couvertes de forêts, sont susceptibles de chicanes et forment, depuis Lyon jusqu'à Langres, une chaîne qui protège sur les derrières la plaine vaste et féconde que parcourt la Saône, assure à quiconque est maître de ses anneaux les subsistances, les hommes, les chevaux et toutes les ressources de ces contrées opulentes. En ce moment, elles regorgent de grains et de fourrages, parce que Lyon s'étant approvisionné du côté du Midi, la Saône n'a rien enlevé; aussi le blé est-il à un taux beaucoup plus bas que les autres denrées qui sont très chères, surtout le vin. Cette cherté dans un moment où il y a rareté de numéraire est une espèce de problème qui est encore à résoudre, J'en soupçonnerais la solution dans le haut prix de la main-d'œuvre en tout genre, laquelle provient de la grande diminution des bras et des ouvriers de toute espèce.

Six diocèses se partagent la direction spirituelle de ces deux départements, savoir : ceux de Dijon, de Châlon-sur-Saône, de Mâcon, d'Autun, de Langres et de Besançon. On parlera des quatre premiers à l'article de chacune des villes de leur siège, et non des deux derniers qui sont connus d'ailleurs et qui ne s'étendent pas sur une partie notable de ces départements. La foi fait dans l'un et dans l'autre des progrès sensibles depuis un an; j'en ai remarqué pendant mon séjour de trois mois; à la

1. Voir l'Almanach National fait à Paris de 1795 à 1796 (*Note de l'auteur*.

vérité, les nuances des diverses parties sont très marquées, mais il y a tout à espérer, si le clergé peut jouir d'une certaine liberté.

Ces départements font partie de la dix-huitième division militaire, commandée par un général en chef qui réside à Dijon. Il en sera question, ainsi que des principaux officiers, aux lieux de leur résidence. Il y a actuellement très peu de troupes; dans le cours de juin, le nombre en a été un peu augmenté. La gendarmerie nationale, qui est à peu près la même pour le nombre et pour la formation qu'était autrefois la maréchaussée, est bien différente pour la qualité des hommes; la plus grande partie des anciens n'y sont plus. Ce corps a généralement un mauvais esprit dans ces départements, aux rares exceptions près ci-dessous. Cependant il est peu de brigades où il n'y ait quelques individus passables. Au surplus, les brigadiers et les cavaliers servent assez mal la République à raison du mécontentement qu'ils ont de leur traitement, qui n'est que de dix-huit livres par mois pour eux et leurs chevaux; encore ne sont-ils jamais payés d'avance, ni même exactement à la fin du mois. Ce qui les aide à vivre, ce sont les commissions qu'ils reçoivent, tantôt chez des receveurs d'impôts jusqu'à ce que ceux-ci aient fait le recouvrement et qu'ils en aient versé le produit, tantôt chez des pères et mères de volontaires jusqu'à ce que ces derniers aient rejoint; pendant la durée de ces excursions militaires, ils vivent aux dépens de leurs hôtes et quelquefois à discrétion. On attend tous les jours une nouvelle organisation de ce corps, et il est très à craindre qu'alors il ne dégénère encore, car on assure qu'on a omis sur le nouveau tableau les officiers et les gendarmes suspects de royalisme. D'ailleurs, le traitement de cette troupe doit être considérablement augmenté; c'était bien le plus sûr moyen de l'attacher au système actuel, mais il est à présumer que l'embarras des finances entravera l'exécution de de cette promesse.

Malgré leur surveillance intéressée, il y a un grand nombre de volontaires répandus dans les campagnes. Il est peu de cantons où il n'y en ait de trente à quarante, beaucoup où il y en a soixante ou quatre-vingts ; en quelques-uns on en compte cent et plus. La majeure partie cherche à éviter la guerre ; cela tient à l'esprit pacifique du pays. Avant la Révolution, si on en excepte Auxonne, seule ville fortifiée, il n'y avait point habituellement de garnison en Bourgogne ; on n'y voyait presque jamais passer de troupes, on y était peu familiarisé avec les armes; la douceur de la paix, l'agrément des jouissances absorbaient entièrement. Huit ans de malheurs et de subversions ont apporté quelques changements à cet esprit national, mais n'ont pas pu encore le dénaturer.

Les gardes nationales sont presque toutes sans armes, sans activité ; elles s'ennuient du service et n'en font aucun, si ce n'est dans quelques villes principales qui ont à la porte de leurs communes un corps de garde où des mercenaires banaux semblent avoir fait élection de domicile. Les colonnes mobiles sont à peu près tombées en désuétude, on n'en tient aucun compte.

Dans la noblesse, outre ceux qui ont pris part à la Révolution, il en est quelques autres dont on ne doit pas s'attendre à être secondé, tels que ceux qui se sont enveloppés d'une nullité constante ; à plus forte raison ceux à qui l'excès de l'égoïsme a fait faire des bassesses. Dans la classe distinguée de ceux qui ont marqué par leur fidélité au roi, presque tous ont éprouvé de grandes vexations ; plusieurs ont perdu toute énergie, mais il en reste qui le serviraient utilement. Il se trouve surtout dans quelques cantons des officiers de toutes armes, parmi lesquels il y en a de distingués et de précieux.

La première bourgeoisie en compte aussi quelques-uns. Cette classe penche assez généralement vers un régime constitutionnel quelconque, soit par jalousie contre la noblesse nouvelle, soit en haine du Parlement.

Cependant il en est de très attachés aux vrais principes. La bourgeoisie de deuxième classe est de toutes celle qui offre le plus de royalistes purs et surtout les plus énergiques. On en trouve aussi de très prononcés chez les artisans. Les négociants, là comme ailleurs, ne connaissent que l'intérêt et sont entièrement livrés aux spéculations de l'agiotage. Ils sont très flattés du changement arrivé sur la scène. La plupart sont acquéreurs de biens nationaux, se croient très importants et seraient volontiers républicains ou tout ce que l'on voudrait, pourvu qu'il ne fût pas question de perdre leurs acquisitions. L'on en trouve cependant aussi de très honnêtes et de très prononcés.

La crainte qu'inspirent les Jacobins réunit toutes les classes. Parmi ceux-ci, la plus grande partie voudrait ne l'avoir jamais été ; mais la sévérité de la justice, le ressentiment des opprimés forment à leurs yeux une perspective constamment alarmante dont leurs chefs, en grossissant les objets, profitent habilement pour les éloigner du repentir.

Les prêtres insermentés jouissent partout de la considération exclusive ; les jureurs sont méprisés, même de ceux qui les soutiennent. Les autorités sont muettes sur la présence d'un prêtre revenant de sa déportation ; il est abordé, fêté par ceux même qu'il redoutait de rencontrer. Les émigrés rayés sont partout accueillis avec distinction ; tout ce qui n'est pas acquéreur ou jacobin affecte de dire qu'ils n'étaient point émigrés et leur applaudit de s'être soustrait aux persécutions ; beaucoup d'acquéreurs leur proposent des arrangements. Telle est la force de l'opinion, que non seulement ceux qui ont été enfermés s'en font gloire, mais que ceux qui ont été oubliés ou épargnés en rougissent et s'en excusent. Les jeunes gens sont généralement anti-jacobins, la plupart ont même un bon esprit ; il ne serait pas difficile de les électriser.

Le peuple des villes ne prend aucune part aux fêtes

nationales qu'il méprise; il n'a aucune considération pour les administrations ni pour les tribunaux.

Le peuple des campagnes soupire après un roi; plusieurs parlent de leurs seigneurs avec regret. Ils ont une jalousie bien prononcée contre les acquéreurs qui sont durs et hautains et chez qui ils ne trouvent aucune ressource de charité ni de protection. Ils s'ennuient tellement des assemblées primaires, que lorsque un parti ne les stimule pas, ils n'y vont pas; ils sont las, disent-ils, de perdre leur temps. Les justices de paix se ressentent fort de cette indifférence; on est obligé de les tenir le dimanche, afin de pouvoir réunir quelques assesseurs.

Enfin, aujourd'hui que les tribunaux montrent un esprit de justice, que leur police des bois reparaît, que les impôts s'accroissent, que la cherté augmente et qu'il n'y a plus rien à prendre, le charme s'évanouit.

Telles sont les observations générales communes à ces deux départements; les suivantes leur sont particulières.

DÉPARTEMENT DE LA COTE-D'OR

Ce département est borné au nord par ceux de l'Aube et de la Haute-Marne, au midi par celui de Saône-et-Loire, à l'orient par ceux de la Haute-Saône et du Jura, et à l'occident par ceux de l'Yonne et de la Nièvre. Il y avait sept districts. Il renferme quatre-vingt-huit chefs-lieux de canton qui nomment trois cent soixante-six électeurs. Parmi ceux de la dernière élection, vingt-sept n'ont point voté pour raison de nullité dans les procès-verbaux de leur nomination; cent cinquante étaient réputés royalistes, environ une centaine républicains ou révolutionnaires appelés vulgairement métis, et le reste jacobin.

Ils ont élu deux députés aux Conseils, l'un à celui des Anciens, l'autre à celui des Cinq-Cents. Le premier appelé M. Benoist, ancien notaire au village de Frolois, avait été membre de la première assemblée dite Constituante et du côté gauche, avait été ensuite président du tribunal criminel de Dijon et se trouvait au moment de sa nomination haut juré à la haute cour de justice. Il a environ vingt voix de plus (1) qu'un conseiller au Parlement, M. Quirot de Poligny, qui eût été préféré sans l'indiscrétion d'un électeur. Il est à remarquer que ceux qui ont nommé M. Benoist en ont hautement manifesté leur repentir après l'élection, lorsqu'ils ont appris, contre leur persuasion, qu'il n'était point acquéreur, que depuis son retour de la première assemblée il avait rendu service à des persécutés, et qu'il avait témoigné de la considération à des prêtres insermentés, et qu'il s'en était servi pour baptiser ses enfants. On dit qu'il n'est pas sans moyens, mais qu'il est bien faible.

Le député aux Cinq-Cents, appelé M. Robert, est un ancien géographe du village de Mirebeau, qui a été président du département pendant la Terreur; il a rendu dans cette place beaucoup de services, a empêché bien des horreurs, notamment la démolition de plusieurs églises et clochers. Il a opposé à des proconsuls atroces une courageuse résistance dont il eût été la victime inévitable, s'il ne se fût enfin dérobé par la fuite à l'acharnement des scélérats. C'était un homme systématique (comme on le voit dans un ouvrage sur la Suisse dont il est l'auteur), avide de célébrité et rempli de fermeté.

Il a été très zélé partisan de la Révolution et irréligieux; mais depuis longtemps il s'est montré persuadé que la religion est nécessaire au peuple; que la catholique est préférable à toutes les autres, et il avait annoncé qu'il ferait tous ses efforts pour concourir à son retour.

On a vu par sa motion pressante sur la nécessité de la morale et de la religion qu'il a tenu parole jusqu'ici. Je sais qu'il est en relations habituelles avec les bons

1. Benoist fut élu par 187 voix contre 158 données à Quirot, et 3 voix perdues.

administrateurs du département, dont il est le zélé protecteur (1).

Quant à la nomination faite l'année précédente, elle est tout au moins insignifiante. Il y a cependant aux Anciens un homme de beaucoup d'esprit, M. Ligeret, ancien avocat au Parlement de Dijon, qui pense, dit-on, assez bien, mais sur lequel il est à présumer que l'on ne saurait compter, puisque, par peur plus encore que par intérêt, il a fait de grosses acquisitions.

Il n'y a plus qu'un membre conventionnel à sortir.

L'administration centrale était détestable; un seul des anciens membres est resté, quatre nouveaux ont été nommés: 1° Frantin, président de l'administration, imprimeur-libraire à Dijon, réputé très probe, laborieux et bien pensant, mais fort timide; 2° Guiot de Montbard, homme de loi, fort estimé, ayant, dit-on, de bonnes vues, de la capacité, de la sagesse, et une certaine énergie (il circule dans le public qu'il a servi quelques moments dans la Vendée); 3° Mariotte, de Châtillon, homme de loi, jeune homme comme le précédent, ayant du talent, de bonnes intentions, ayant besoin de direction pour tempérer sa vivacité; son père et son beau-père sont acquéreurs; 4° Parisot-Champeaux, de Beaune, homme de beaucoup d'acquit mais excessivement faible, qui a tergiversé longtemps sur l'acceptation de cette place. Il est en bonne harmonie avec les trois autres; ceux-ci toutefois ont une confiance réciproque plus particulière dans leurs opinions qu'ils connaissent, tandis que l'on ne sait pas trop si M. Parisot en a une. Le cinquième ou l'ancien se nomme Préserot, homme de loi, à talents médiocres et très révolutionnaire. Il est d'intelligence avec le commissaire du pouvoir exécutif, nommé Musard, autrefois maître de pension à Dijon, philosophiste ou athée par mode ou comme moyen de fortune, homme à circons-

1. Les opérations électorales de la Côte-d'Or furent, ainsi que celles de Saône-et-Loire, annulées après le coup d'État du 18 Fructidor.

tances, cauteleux, ambitieux, constamment en place depuis la Révolution, quoique ennemi des Jacobins dont il s'est servi et dont il se sert toujours pour se maintenir, s'enrichir et s'élever. La presque totalité des commissaires du pouvoir exécutif de ce département sont, comme presque partout ailleurs, très révolutionnaires, la plupart Jacobins ; beaucoup d'entre eux sont prêtres jureurs, ou prêtres mariés, ou moines apostats.

Le tribunal criminel est bien composé (on sait au surplus qu'il change tous les six mois); il s'est très bien conduit vis-à-vis les prêtres. Le tribunal civil n'est pas si bon. Le commissaire du pouvoir exécutif près ce tribunal est un des frères du directeur Carnot; c'est un mauvais sujet, d'ailleurs peu remarquable et n'ayant point d'influence.

Ce département a environ quatre cent quarante-cinq lieues carrées d'étendue. Sa population est évaluée à près de trois cent quarante trois mille âmes et les contributions qu'il supporte à plus de quatre millions cent mille livres. Il est très fertile. Le pays de la montagne, du côté de Châtillon-sur-Seine, abonde en fer, en bois, en pâturages et en avoine excellente. L'Auxois, vers Semur, recueille d'abondantes moissons, et le Dijonnois est très riche en vins, en fers, en grains et en fourrages.

La Saône, qui l'arrose dans l'espace de dix à douze lieues, y favorise le commerce. Les Etats de Bourgogne avaient commencé, de Dijon à Saint-Jean-de-Losne, un canal qui est demeuré imparfait. Il y en a un de la Saône au Doubs, d'une lieue plus haut que Saint-Jean-de-Losne.

Il sera parlé d'une poudrerie à l'article de Pontailler-sur-Saône.

Dijon. — La population de cette ville, chef-lieu du département et où résident toutes les autorités, est d'environ vingt-deux mille âmes. Elle est divisée en six sections; chacune d'elles a un bataillon de garde nationale; moitié de ces six bataillons ont des officiers excellents, l'autre moitié en a d'assez mauvais. Cependant les jacobins sont si mécontents qu'ils ont retardé jusqu'à présent la reconnaissance des derniers officiers nommés. D'autre côté, comme il était question d'une organisation nouvelle et générale, on a laissé les choses *in statu quo*. Le commandant de la colonne mobile est excellent.

Les murailles de la ville sont en mauvais ordre. Rien de nouveau au château.

Le commandant de la dix-huitième région militaire est un nommé Pille, autrefois sous-secrétaire de l'intendance de cette ville; c'est un terroriste sans talents militaires, qui n'a jamais servi que deux ans à l'armée de l'Ouest, méprisé des officiers, des soldats et de la bourgeoisie. Le commandant de la place est un étranger, espagnol, et, dit-on, très mauvais sujet.

Le commissaire ordonnateur des guerres passe pour un honnête homme, le commissaire ordinaire pour un jacobin.

La garnison de cette ville est ordinairement d'une soixantaine d'invalides, qui montent la garde à la cour du commandant de division; ils sont très mauvais. Dans le courant de juin, il y est arrivé deux corps, l'un d'environ trois cents hommes d'infanterie, officiers et soldats, la plupart jacobins, sauf le commandant, dont on disait du bien; l'autre corps, une compagnie de hussards, qui passent pour être bons. Il y a dans la cour du général Pille huit pièces de canon, tant de huit que de quatre, et deux obusiers. L'Hôtel-de-Ville renferme environ douze cents fusils en état et quelques centaines à réparer.

Sur la fin, il a été (*sic*) des prisonniers autrichiens dans le plus triste état de dénûment et de misère.

Le commandant de la gendarmerie est M. Bourdon, autrefois gendarme à Lunéville, puis officier de maréchaussée. Il est rempli de moyens, très adroit. On le dit bien pensant, mais ses amis n'en sont pas assurés et n'oseraient lui faire des ouvertures. En résultat, il paraît qu'on ne pourrait compter sur lui que lorsqu'il verrait une grande probabilité de succès. Son lieutenant, ancien garde du corps, passe pour être bien pensant. Les honnêtes gens ont été très contents de lui dans l'affaire du 29 mai, et fort mécontents de son commandant. Les quinze gendarmes de cette ville sont presque tous mauvais.

La municipalité précédente est très mal composée. Deux des anciens sont restés, l'un passable, l'autre terroriste; dans les cinq nouveaux, il y a trois médiocres et deux bons. Ceux-ci y donnent le ton, l'un d'eux étant le plus instruit de tous, et l'autre le plus énergique; le commissaire ne vaut rien, les juges de paix sont très mauvais, ils seront nommés partout l'année prochaine.

Le diocèse de cette ville contient cent soixante-quinze paroisses, neuf doyennés, dont sept dans le département de la Côte-d'Or, et deux dans celui de la Haute-Saône. Il est administré, sous les ordres de M. l'évêque absent, par MM. les vicaires généraux retirés à Fribourg, en Suisse. M. Colas, personnage du plus rare mérite, qui à de vastes connaissances réunit les talents oratoires, et qui a toujours commandé la vénération par sa conduite, a, à Dijon, deux préposés de très grand mérite (1). Malgré leurs soins, il y avait encore très peu d'ecclésiastiques dans les campagnes, à cause de la persécution. Ils sont près de cent à Dijon, où le culte se fait librement dans les oratoires. La *soumission* y est proscrite. Volfius, évêque intrus, et cinq à six prêtres de ses organes, célèbrent publiquement, mais ils ne sont suivis que par la populace qui recherche les cérémonies. Ce Volfius est un homme d'esprit, ancien professeur de rhétorique, littérateur philosophe, mauvais théologien, ayant un physique désagréable; il a été très souvent

1. Sur l'abbé Colas, voir le BULLETIN, t. I, p. 15.

accablé d'injures dans les rues, mais il dissimule d'autant plus qu'il a en vain porté ses plaintes; les administrations étaient les plus mal composées.

On pourrait juger de l'opinion de cette ville par la qualité des vingt-trois électeurs qu'elle a fournis, et dont deux tiers étaient bons. Cependant il y avait une sorte d'équilibre, parce que, là comme ailleurs, les honnêtes gens isolés n'opposaient qu'une force d'inertie aux Jacobins réunis et soutenus par les suppôts du gouvernement.

Cependant l'évènement du 29 mai, où une poignée d'honnêtes gens ont fait disparaître un nombre de terroristes sept à huit fois plus grand, a prouvé que cette ville offre des ressources d'énergie dans l'occasion. Mais il faut qu'elle soit pressante pour les développer. La noblesse y est très peu nombreuse; partie de ceux qui y sont restés sont absorbés par les malheurs qu'ils ont essuyés. La plupart des autres, surtout les plus riches, sont entièrement égoïstes. Dans la bourgeoisie, il y a plus d'énergie et beaucoup de royalisme. Beaucoup de négociants sont acquéreurs. Il y a environ trois cents jeunes gens qui ont un assez bon esprit. Les Jacobins connus sont à peu près en même nombre; ils ont des chefs remplis d'audace et de moyens. Il s'y est formé, dans le mois de juin, à l'instar de Paris, quatre clubs dirigés, tant par le commissaire près du département que par le membre de son bord, et établi par les acquéreurs de biens nationaux. Ils intriguaient à mon départ pour faire destituer les meilleurs officiers municipaux. J'excitais les honnêtes gens à faire bonne contenance et à opposer une majorité imposante. Les Jacobins avaient depuis longtemps les papiers périodiques à leurs ordres; j'en ai fait établir un en sens contraire qui paraît depuis le 22 juin (1).

1. Voir plus haut, la note de la page 204.

Nuits. — Trois mille âmes, compris les faubourgs dont l'esprit est assez bon. Celui de la ville ne le vaut pas ; la municipalité y est mal composée ; le juge de paix est bon, les chefs de la garde nationale sont passables, presque point de jeunes gens ; cinq à six prêtres insermentés, dont trois ou quatre *soumissionnaires*, exercent publiqnement.

Les vignerons y sont généralement antiterroristes. Grand commerce de vins.

Beaune. — Neuf à dix mille âmes. L'esprit y est bon, la municipalité bien composée, le juge de paix médiocre. Une centaine de jeunes gens qui pensent bien.

Près des deux tiers de la ville revenus à la religion. Un seul prêtre jureur exerçant, peu suivi ; dix prêtres catholiques exerçant ; le curé et les autres prêtres déportés attendus avec impatience. Les émigrés rayés et rentrés, bien reçus. Beaucoup d'aisance et même quelques gens riches. Marchés considérables en grains, qui y arrivent de l'Auxois. Grand commerce de vins. Cantons voisins assez bons, celui de Nolay surtout. De là à Dijon, le long de la côte, l'opinion y revient sensiblement. De tout temps, au surplus, le vigneron a eu une certaine rudesse, une sorte d'indépendance et de tendance au républicanisme.

Arnay-le-Duc. — Deux mille quatre cents âmes. Célèbre par l'arrestation de Mesdames en 1789. A conservé un mauvais esprit, par l'influence de quelques scélérats. La généralité cependant disposée au retour, mais les Jacobins font redouter la vengeance. Curé jureur exerçant et faisant beaucoup de mal. Municipalité et commissaire très mauvais. Missionnaires obligés à se cacher. Juge de paix *intra muros* excellent. L'officier des gendarmes, son brigadier et le commandant de la garde nationale, détestables. Quatre couleuvrines et une centaine de fusils. Point de richesse, quelque aisance. Grand passage. Le voisinage fort bon pour la religion et l'opinion, entr'autres les cantons de Châtellenot et de Liernais.

Saulieu. — Deux mille quatre cents âmes, compris la banlieue dite le plat pays. Municipalité bonne, président excellent, juge de paix très médiocre; gendarmerie mêlée.

Les trois quarts de la ville bons pour la religion et l'opinion. Une trentaine de jeunes gens excellents. Le bon curé, quoique non soumissionnaire, exerçant publiquement depuis le 30 avril; nonobstant les déclarations du commissaire, le curé soutenu par la municipalité et la bourgeoisie. Grand passage. Beaucoup de commerce sur les vins, sur les grains. Aisance et disposition aux sacrifices pour la bonne cause. Peu d'acquéreurs; ils sont assez disposés à la restitution. Il y en a davantage au voisinage, quoiqu'il soit assez bon. Presque partout les intrus rétractés.

Semur-en-Auxois. — Quatre mille six cents âmes. A peu près le même esprit qu'à Saulieu. Les trois quarts de la ville bons; la municipalité bonne, président excellent. Juges de paix bons. Une trentaine de jeunes gens presque tous bons.

Le commandant de la garde nationale excellent. Curé jureur, en pénitence depuis quelques mois, ayant paru céder moins à la conviction qu'à l'ascendant de l'opinion publique. Quelque aisance dans la ville. Scélérat célèbre nommé L..... Le voisinage généralement bon, les juges de paix bien choisis, excepté à Précy-sous-Thil.

Le pays abondant en grains du côté de l'Auxois, en laine dans la partie des montagnes, et en chevaux du côté de Mâcon.

Montbard. — Quinze cents âmes. Esprit généralement républicain, à cause des droits seigneuriaux et des bois; municipalité médiocre; juge de paix bon; gendarmerie mauvaise. Seule ville où il n'y ait jamais eu personne d'enfermé. Le pays est médiocre. Richesse en laines.

Vitteaux. — Quinze à dix-huit cents âmes. Opinion revenant bien, municipalité passable. Vingt jeunes gens dont la majorité est bonne. Gendarmerie mauvaise; commissaire, quoique révolutionnaire, ayant des égards pour le clergé. Prêtres bien accueillis. Le voisinage passable, quelques cantons bons, entr'autres Normier; celui de Sombernon excellent, la gendarmerie y est bonne.

Flavigny. — Douze à quinze cents âmes. Moitié des principaux habitants encore engoués de la Révolution. Municipalité bonne; commissaire détestable; juge de paix insignifiant, voisinage mêlé.

Châtillon-sur-Seine. — Quatre mille âmes. Quatre cent cinquante votants. Municipalité mauvaise. Traces d'orléanisme. L'esprit d'ailleurs assez généralement bon, mais apathique, égoïste, intéressé, beaucoup d'agiotage; l'argent du cinq au six pour cent par mois. Ce qui intéresse le plus, c'est la décharge des impôts et le maintien des acquisitions. Huit à dix maisons devenues opulentes depuis la Révolution. Trentaine de jeunes gens, dont moitié au moins sont royalistes. L'officier de gendarmerie excellent, deux ou trois gendarmes bons, le reste mauvais. La ville et les environs, étant du diocèse de Langres, le clergé y est soumissionnaire et y fait le culte public; les peuples ont un fond de religion. Une moitié des villages ont leurs bons curés, il n'y en a presque point d'autres. Beaucoup de volontaires revenus, jusqu'à cent vingt dans un canton. Richesse du pays en forges, en bois, en avoines. Quelques sujets dangereux dans le voisinage, entr'autres le nommé Frochot, ex-constituant et secrétaire de Mirabeau.

Is-sur-Tille. — Douze cents âmes. Mauvais esprit, ainsi que dans les environs; quelques honnêtes gens épars, mais peu de cantons passables. Partie du diocèse de Dijon où les prêtres n'ont point encore osé travailler. Toutes les autorités mauvaises, ainsi que leurs électeurs.

Pontailler. — Environ mille âmes. L'esprit de la bourgeoisie est républicain. Un des électeurs de cette petite ville était le seul royaliste qu'il y eût. Port sur la Saône. Environs abondants en grains et en fourrages. Voisinage assez mauvais, excepté le canton de Talmay qui est bon. A Vonges, près de Pontailler, il y a une poudrerie en activité. Quinze à seize ouvriers y travaillent assidûment. Sur la fin du mois dernier, juin, il y avait environ quarante-cinq milliers de poudre, sans compter une quantité non moins considérable qui n'attendait que le bon temps pour sécher. Depuis quelque temps, on n'y fait pas de demande de la part du soi-disant gouvernement.

Auxonne. — Cinq mille âmes. Municipalité médiocre. Juge de paix aussi. L'esprit y est généralement assez mauvais, au point que les derniers électeurs nommés, qui y étaient regardés de mauvais œil comme des chouans, passèrent à l'Assemblée électorale pour des Jacobins. Le commandant de la place et ses sous-ordres sont mauvais. Au mois de mai, il n'y avait que deux cents hommes de garnison. On y avait mis un dépôt d'officiers autrichiens prisonniers.

L'officier de gendarmerie, ancien garde du corps, d'abord partisan de la Révolution, est un honnête homme qui est au repentir. Presque point de jeunesse. Les prêtres n'osaient y aller; j'ai fait donner des pouvoirs à un prêtre du diocèse de Dijon au voisinage, qui est fort zélé et qui peut y aller en sûreté. Les murailles de la ville sont mal entretenues.

Le commandant de l'école passe pour royaliste; c'est M. Mórard de la Bayette, frère du vice-amiral Morard de Galles, qu'on dit bien pensant. Sa femme, qui demeure dans cette ville, est extrêmement prononcée pour la bonne cause. Il y avait alors à l'arsenal soixante-quinze ouvriers, quatre mille cartouches, cent cinquante affûts, quarante caissons, treize caissons pour l'artillerie légère, sept à huit canons de petit calibre pour l'instruction de l'école, point de fusils, beaucoup de bois de service et même de vingt ans. Abondance de grains et de fourrages. Port sur la Saône; une centaine de mariniers aux ordres des négociants.

Saint-Jean-de-Losne. — Douze cents âmes. Président de la municipalité médiocre, les agents bons. La moitié de la ville au moins a un bon esprit. La municipalité vient de lui rendre son ancien nom, qui avait été changé contre celui de *Belle défense.* L'on s'occupe d'y établir des religieuses pour l'éducation des filles. Le culte public par de bons prêtres qui se sont laissés persuader de faire *soumission.* La gendarmerie passable; les portefaix assez bons. Peu de jeunes gens, mais ils sont bien pensants. Port sur la Saône. Abondance de grains et de fourrages.

Seurre. — Mille âmes. Les deux tiers bons, surtout la bourgeoisie. Curé jureur y exerçant publiquement, mais n'ayant que la populace. Missionnaires préférés et travaillant malgré l'activité d'un très mauvais commissaire. Municipalité bonne, ainsi que le juge de paix. Gendarmerie passable. Abondance de grains, de fourrages. Port sur la Saône. Une cinquantaine de portefaix assez mauvais. Au voisinage est la célèbre abbaye de Cîteaux, dont une partie est en démolition.

DÉPARTEMENT DE SAONE-ET-LOIRE

Ce département est borné au nord par celui de la Côte-d'Or, au midi par celui de Rhône-et-Loire, à l'orient par ceux du Jura et de l'Ain, à l'occident par ceux de la Nièvre et de l'Allier. Il avait sept districts; il renferme quatre-vingt-neuf chefs-lieux de canton, qui nomment trois cent soixante-dix électeurs.

Aux dernières élections, la majorité passait deux cent-soixante-dix, dont moitié à peu près étaient réputés royalistes, l'autre moitié métis, la minorité ne comptait que des terroristes. Ils ont nommé trois députés, l'un au Conseil des Anciens, les deux autres à celui des Cinq-Cents.

Le premier est un M. Changarnier (1), ancien avocat à Autun, puis juge du tribunal à Châlon-sur-Saône. Il a des moyens, un physique imposant. La noblesse bien pensante a en la bonté de son opinion une plus grande confiance que la bourgeoisie royaliste qui le voit exclusivement occupé de l'ambition de jouer un rôle. Le deuxième, nommé M. Vandelin (2), homme de loi de Bourbon-Lancy, autrefois avocat à Dijon, puis secrétaire de M. le comte de Bourbon-Busset, est rempli de principes religieux et passe pour être dévoué à la bonne cause; on craint seulement qu'il ne soit un peu faible. Le troisième, M. Tupinier (3), homme de loi à Tournus, était membre du tribunal de cassation lors de sa nomination ; il passe pour un brave homme. Dans la nomination précédente, ce département avait déjà fourni d'assez bons députés.

On y avait fait aussi un bon choix pour l'administra-

1. Né à Autun le 29 janvier 1755, mort dans la même ville le 31 août 1821. C'est le père du général Changarnier.

2. Etait homme de loi à Mont, près de Bourbon-Lancy. Je n'ai pu retrouver les dates de sa naissance et de sa mort.

3. Né à Uchizy, près Tournus, le 18 juillet 1763, mort à Tournus le 4 mars 1816. Père de l'amiral Tupinier.

tion centrale, mais à peine les membres étaient-ils nommés, qu'ils furent suspendus par le régicide Reverchon, représentant commissaire qui leur substitua des gens de son espèce. Cette suspension, d'ailleurs arbitraire et illégale, n'était pas une destitution; cependant ces honnêtes gens, prévoyant des inconvénients à se faire maintenir, et celui surtout qu'en attendant une décision, le Directoire ne continuât provisoirement les protégés de Reverchon, envoyèrent généreusement leurs démissions au corps électoral. Par ce moyen, on a procédé à l'élection qui a donné: 1° M. Nardon (1), président, homme de loi à Autun, ancien administrateur du district de cette ville, anti terroriste, assez énergique, peut-être peu éloigné du royalisme, mais flatté du rôle que lui fait jouer la Révolution; 2° M. des Bruys des Gardes, de Mâcon, qui passe pour très bien pensant; 3° M. Delaval, de Tournus, que l'on dit être dans de très bonnes dispositions; 4° M. de la Chaise, de Montcenis, jeune homme rempli d'honnêteté et de zèle pour le bien; 5° M. Lavaure fils, de Châlon-sur-Saône, qui a été moins révolutionnaire que son père, mais qui inspire moins de confiance que les autres, avec lesquels il a été jusqu'à présent en bonne harmonie. Le commissaire du pouvoir exécutif de cette administration séante à Mâcon ne peut être plus détestable, il se nomme Rubet. La presque totalité des commissaires de ce département sont mauvais; ceux du Charollois le sont par excellence, ceux de l'Autunois moins qu'ailleurs.

Les tribunaux criminel et civil siègent à Châlon-sur-Saône; l'un et l'autre sont composés de gens plus honnêtes qu'instruits. Le premier se conduit fort bien à l'égard des prêtres; le second donne fréquemment des preuves de justice et de fermeté contre les entreprises

1. Hugues Nardon, condisciple de Napoléon Ier au collège d'Autun, devint sous l'Empire préfet de Maine-et-Loire, administrateur des Etats de Parme, puis de la province de Cuença, en Espagne, où il fut tué dans une émeute (9 mai 1812).

des paysans qui ont dépouillé des seigneurs de leurs propriétés foncières, ou qui voudraient y porter atteinte.

Le commissaire du pouvoir exécutif auprès de ce tribunal est encore un des frères du directeur Carnot (ils sont fils d'un notaire de Nolay); il a une très médiocre influence et ne jouit d'aucune considération.

L'étendue de ce département est d'environ quatre cent-trente-quatre lieues carrées; sa population, de près de quatre cent-quarante-trois mille âmes, et les contributions qu'ils payent, quatre millions quatre cent mille livres. Il présente les plus grandes ressources; le Màconnois et le Châlonnois sont extrêmement fertiles en vins, en grains et fourrages. La Bresse châlonnoise produit beaucoup de grains; le Charollois abonde en bois et en bestiaux; on y trouve quelques chevaux, mais il y en a davantage dans le Morvan, du côté de l'Autunois, où il y a quelques forges. Outre la Saône et la Loire qui sont des rivières navigables très commerçantes, il y a un canal en activité qui établit la communication entr'elles de Châlon à Digoin, multiplie les débouchés dans l'intérieur de ce département et favorise le transport de ses marchandises jusque sur les deux mers.

Les manufactures de Montcenis sont un établissement célèbre, dont il sera question à l'article de ce lieu.

Mâcon. — La population de cette ville, chef-lieu du département, est d'environ douze mille âmes. L'esprit y a toujours été très mauvais, et il n'a fait qu'empirer par l'acquisition de trois cents scélérats de Lyon qui s'y sont réfugiés. Aux dernières assemblées primaires, les honnêtes gens, au nombre de deux cent trente-quatre, ayant voulu prendre part aux élections, les Jacobins, soutenus par les autorités constituées non moins anarchistes, s'emparèrent des canons, bloquèrent les honnêtes gens au lieu de l'assemblée, firent jouer les pompes sur leurs femmes qui voulaient les réclamer et arrêtèrent une soixantaine de ces bons citoyens qu'ils conduisirent chez le juge de paix pour les faire incarcérer. Celui-ci ne se prêta point à cette scélératesse. Quoiqu'il en soit, cet évènement laissa maîtres de l'élection les terroristes qui choisirent une municipalité et des électeurs détestables.

Depuis l'installation du nouveau département, cette municipalité, à qui il fait ombrage, ne cesse d'employer tous les moyens les plus atroces pour le compromettre ou l'intimider; il avait requis soixante canonniers pour la garde du lieu de ses séances, elle les a séduits. Sur la fin de mai, deux ou trois honnêtes gens sans armes furent assassinés, à la promenade et sans qu'aucune rixe eût précédé, par des Jacobins armés de pistolets et de sabres. Des municipaux apostés et qui avaient dirigé cet assassinat, dressèrent procès-verbal, qui chargeait de l'agression les victimes de cette fureur. Cet événement ayant donné l'alarme, quelques honnêtes gens coururent avertir les membres du département qui se rendirent au Conseil. Les braves gens qui les accompagnaient furent insultés à côté des administrateurs même et furent maltraités à leur retour. Il n'était question que d'égorger les membres de l'administration. Ils ont déployé dans ces occasions extrêmement délicates toute la sagesse et la fermeté imaginables.

Ils ont fait venir depuis cent cinquante hussards qui y sont arrivés du 10 au 15 juin; ils ont un bon esprit et contiennent cette horde de brigands.

On travaille à la suspension de la municipalité.

J'ai engagé à y faire l'établissement d'un journal périodique dans le bon sens, qui, depuis le 1er juin qu'il a paru, en a imposé aux Jacobins au-delà des espérances.

Le diocèse de cette ville est gouverné par son évêque (présent) (1). Ce prélat presque octogénaire avait fait le serment de liberté et d'égalité. Cette démarche contraire

1. Moreau (Gabriel-François), né à Paris en 1722, évêque de Vence en 1759 et de Mâcon en 1763. Nommé évêque d'Autun lors du Concordat de 1802, il mourut à la fin de la même année.

aux principes, mais accompagnée des meilleures intentions, ne l'a pas mis à couvert des vexations; ce n'est que dans le courant de mai que, grâce au département actuel, il est sorti de l'hôpital où il était enfermé depuis environ quatre ans avec plusieurs curés et prêtres de différents diocèses. La soumission est tolérée dans celui-ci, où au surplus l'on n'est pas fort religieux.

Le port de cette ville, sur la Saône, sa position entre Lyon et Châlon, la qualité et la quantité de ses vins, la rendent très marchande; son territoire d'ailleurs est très fertile en grains et en fourrages. Ses environs, surtout du côté de Cluny, sont infectés de voleurs dont le repaire est probablement à Mâcon.

Cluny. — Quatre mille deux cents âmes. Célèbre par l'énergie déployée en 1789 contre une nuée de brigands (3000) qui venaient piller l'abbaye, a toujours conservé un bon esprit. La plupart de ceux qui s'étaient égarés, revenus à la religion. Peu d'acquéreurs de biens nationaux; la superbe abbaye n'est pas vendue.

Les habitants désireraient que, si elle ne retournait pas à son premier usage, le roi daignât en ordonner la destination à quelque établissement public. Il y a eu cinquante-quatre détenus. La municipalité est bonne; le juge de paix bon. Le culte y est public depuis près de deux ans; les jureurs sont rétractés à l'exception de cinq ou six insignifiants. Le bataillon de milice nationale a de bons officiers; la gendarmerie est assez mauvaise. Point d'armes que des fusils de chasse. Une trentaine de jeunes gens bien prononcés. Les habitants y sont francs, un peu insouciants, mais énergiques dans le danger. Peu de commerce; autrefois il y en avait en fils, il y en a encore en vannerie et en grosse draperie. Quelgens aisés, très peu de riches. Tous les environs, les cantons de Salornay, de Lugny, de Tramayes, de Saint-Bonnet, de Joux et de Bois-Sainte-Marie sont assez bons; ceux de Matour et de la Clayette sont bien médiocres; celui de Saint-Sorlin est mauvais. Il demeure dans ce pays un fameux scélérat, Lavaux, complice de Santhonax, qui ne fréquente que les Jacobins les plus prononcés; il était déjà riche avant la Révolution, il est opulent aujourd'hui.

Semur-en-Brionnois. — L'esprit y est fort bon ainsi qu'aux environs. La municipalité bonne, la gendarmerie passable. Le culte y est libre. Au canton de Saint-Christophe, la municipalité est mauvaise et la majorité du canton bonne. Canton de Saint-Julien-de-Civry, bon, ainsi que la petite ville de Prizy. Ce pays est un de ceux qui regrettent le plus la royauté.

Marcigny. — L'esprit y est très mauvais, il commence un peu à revenir. La municipalité n'est pas bonne; les environs ne sont pas bons, si ce n'est le canton de Montceau; cette ville est presque sur la Loire.

Charolles. — Environ trois mille âmes. Municipalité médiocre; juge de paix assez bon. La bourgeoisie et les jeunes gens y ont un mauvais esprit, qui y est perpétué par les deux ex-conventionnels régicides Gelin, commissaire près de la police correctionnelle, et Baudot. Le peuple est meilleur, il revient à la religion. Le voisinage est moins mauvais que la ville.

Paray. — Environ deux mille cinq cents âmes. Près de quatre cents votants; une trentaine de jeunes gens assez bien pensants. Municipalité mauvaise; le commissaire, ex-conventionnel non régicide, nommé Bertucat, toujours très révolutionnaire. Juge de paix équivoque. L'intrus fait publiquement le service, il n'est suivi que de la canaille. La bourgeoisie revient assez bien à la religion et aux principes. Le canal de la Saône à la Loire passe à Paray.

Digoin. — Environ deux mille âmes. L'esprit assez généralement bon. La municipalité passable; juge de paix médiocre; la gendarmerie assez mauvaise. Il y a beaucoup d'acquéreurs, mais ils sont assez disposés à rendre. Port sur la Loire et à l'embouchure du canal. Le commerce et l'intérêt y occupent entièrement les mariniers, généralement bons.

Bourbon-Lancy. — Quinze à seize mille âmes. L'esprit y est bon mais apathique. Il y a eu cependant soixante détenus. Municipalité assez bonne; commissaire mauvais; juge de paix excellent. Une douzaine de jeunes gens presque tous bons. Officier de gendarmerie assez bon; les cavaliers médiocres. Cette ville, quoique voisine de la Loire, n'est pas riche. En général, cette partie du Charollais l'est fort peu. Les campagnes sont généralement médiocres. Le canton de Gueugnon où il y a des forges, est fort bon. La municipalité y est excellente.

Toulon. — Quinze à seize cents âmes. Trois cents votants, dont trente-sept seulement bons. Vingt familles bourgeoises dont quinze bien pensantes; tout le reste est peuple et mauvais. Il n'y a presque point de religion et de moralité, d'ailleurs peu de méchanceté. Aucun culte libre; deux ou trois missionnaires y travaillent secrètement. Municipalité mauvaise, ainsi que le juge de paix. Gendarmerie assez passable, sauf le brigadier qui ne vaut rien. Point de richesse; huit à dix maisons seulement dans l'aisance, tout le reste a besoin d'industrie; autrefois un commerce mercantile, qui est aujourd'hui en stagnation.

Autun. — Neuf à dix mille âmes. Cette ville était depuis longtemps sous le joug du terrorisme; elle l'a secoué aux dernières élections. Les jeunes gens, qui y sont une centaine, y ont montré du courage et un très bon esprit. La bravoure de quelques femmes les a bien secondés. Le résultat a été la liberté des élections, le choix des bons électeurs et de bons officiers municipaux, au nombre de trois sur cinq. Les deux autres sont des anciens assez insignifiants. Le commissaire est républicain, anti-terroriste prononcé et énergique, ayant des égards pour les prêtres; le juge de paix de même, sauf qu'il est sans caractère. L'officier de gendarmerie s'était livré au régime constitutionnel parce qu'il avait eu autrefois des affaires désagréables. Les gendarmes aussi mal pensants qu'ailleurs. Le chef de la garde nationale est républicain, anti-terroriste, énergique; les autres officiers presque tous assez bons. Il y a six pièces de canon de 4, dont quatre en bronze et deux en fer; point de fusils de munition.

Le diocèse a huit archiprêtrés dans ce département, neuf dans celui de la Côte-d'Or, outre plusieurs dans les départements de l'Allier et de la Nièvre. Il est administré sous les ordres de Mgr l'archevêque de Lyon absent (1) par M. Verdié, jeune vicaire général du plus grand mérite, qui y avait établi un ordre admirable, malgré les obstacles que présentait la grande étendue du diocèse, l'embarras des circonstances et les dangers continuels de sa résidence constante et miraculeuse dans cette ville pendant le régime de la terreur. Il y a une vingtaine de bons prêtres, dont douze travaillent presque publiquement. Sept à huit jureurs sont encore dans le schisme, mais ils ne font aucune fonction. Peu d'acquéreurs de biens nationaux, aucun dans la bourgeoisie, deux dans la noblesse et le reste chez les marchands. Au surplus jalousie remarquable entre les acquéreurs, surtout dans les campagnes.

Au voisinage, les cantons de Saint-Prix-sous-Beuvray et de Cordesse reviennent bien. Cependant, on observe

1. De Marbeuf (Yves-Alexandre), métropolitain d'Autun et évêque de cette ville, de 1767 à 1788. Né en 1734, il mourut à Lubeck le 15 avril 1799.

en général que le Morvan craint assez le retour des seigneurs, à cause des droits féodaux et du bois. Les cantons de Lucenay-l'Evêque et de Roussillon sont bons, ceux de Sully et de Monthelon sont bons aussi ; celui de Mesvres médiocre. Couches, célèbre par l'atrocité d'un assassinat commis sur des prêtres dans le commencement de l'anarchie, est généralement revenu ; ses environs sont bons.

Montcenis. — Quinze cents âmes. Municipalité bonne, commissaire mauvais ; juge de paix détestable ; les bourgeois sont assez bons et fort timides. Le culte y a une certaine publicité ; le peuple est presque généralement revenu à la religion. Les environs y reviennent un peu. Près de la villle est, au Creusot, la fameuse fonderie de canons dite de Montcenis, à côté de laquelle on voit une célèbre manufacture en cristaux. Celle-ci est en activité, celle-là se trouve en fériation par suite de difficultés sur des réparations que les entrepreneurs demandent au soi-disant gouvernement, qui s'était emparé de ces forges. En attendant, on y conserve encore les principaux ouvriers. A la fin de mai, il y avait en bronze deux pièces de 24 et environ quatre cents obusiers, et en fer une quarantaine de canons pour les vaisseaux.

Mont Saint-Vincent. — Chef-lieu de canton qui est dans une position remarquable. Le mont au-dessous duquel il est situé est en forme de cône tronqué ; il domine les petites montagnes du Charollois, de l'Autunois, du Châlonnois et du Mâconnois et se trouve vers le milieu d'un cercle formé par les villes de Cluny, Charolles, Paray, Toulon, Montcenis, Givry et Tournus, desquelles il est distant de six à sept lieues. Sur le sommet est une plate-forme sur laquelle est le village qui ne manque jamais d'eau ; le terrain y est fort spongieux. Le canton et le chef-lieu sont très bons. Le culte y est public et, chose extraordinaire, le commissaire y est fort bon. Au voisinage, le canton de la Guiche est bon, ceux de Janzy et de Saint-Gengoux sont détestables, surtout les chefs-lieux. Ceux de Marcigny, Culles et Saint-Martin-d'Auxy sont très médiocres.

Tournus. — Environ seize cents âmes. L'esprit y est revenu, la municipalité bonne, le juge de paix mauvais. L'hôpital, dont on a conservé le fonds, y est aux soins des anciennes religieuses, bonnes catholiques. Le culte y est libre. Port sur la Saône, pays fertile en grains et en fourrages. Les environs sont passables, mais on observe qu'ils sont meilleurs vers la rive gauche de la Saône, comme par exemple à Cuisery et alentours que vers la rive droite de cette rivière.

Châlon-sur-Saône. — Neuf à dix mille âmes. Le caractère fort doux et très apathique. Les étrangers y jouissent d'une grande liberté. Depuis longtemps les prêtres, les émigrés n'y courent aucun risque de la part des habitants, mais l'esprit y est moins formé au royalisme qu'on ne le croirait, à en juger par la réputation de cette ville. Les royalistes y reçoivent la loi des négociants, qui sont la classe la plus nombreuse et qui, pour la plupart, sont acquéreurs de biens nationaux. Une des preuves de cette observation, c'est que sur sept électeurs nommés dans cette ville, il y en avait cinq acquéreurs. Au surplus Lyon donne le ton à cette ville qui y a beaucoup de liaisons et de rapports. La municipalité y est assez bonne. Des deux juges de paix, l'un est bon, l'autre mauvais. Il y a un bataillon de garde nationale, dont les officiers sont bons, anti-terroristes, excepté deux; quelques-uns même sont très bons. Les bas officiers sont assez bien choisis. Les jeunes gens, au nombre de cent cinquante, ont un bon esprit. La gendarmerie est mauvaise, à l'exception de l'officier qui passe pour un brave homme. Le diocèse de cette ville comprend dix-neuf archi-prêtrés, dont quinze dans ce département et quatre dans celui de la Côte-d'Or. Il est administré sous les ordres de Mgr l'évêque (1) absent par Messieurs les vicaires généraux. Des deux que j'y connais, le premier est M. Agron, sexagénaire, respecté pour son mérite et surtout pour les mœurs les plus douces et l'esprit le plus conciliant; le second est M. Prère jeune, rempli d'esprit et de mérite, ayant constamment bravé les dangers pendant la Terreur, pour être utile à la religion. Le culte y est très libre, mais non pas public, car la soumission y est réprouvée. Il y a une quarantaine de bons prêtres, dont la plupart travaillent et ont toute confiance.

La Saône et le canal qui y a son embouchure dans les fossés de la ville, la rendent très commerçante. Il y a beaucoup d'aisance, même de la richesse. Une grande partie des vins ont été enlevés, mais il y a beaucoup de grains et de fourrages. Les crocheteurs y sont assez mauvais sujets; l'esprit des environs est très médiocre. A deux lieues de là est la petite ville de Givry, d'environ huit à neuf cents âmes, qui est détestable. Quelques-uns des plus enragés ont reçu le mardi après Pâques une forte correction de la part du peuple de Châlon où ils s'étaient avisés de conduire en prison un prêtre qu'ils avaient enlevé dans une métairie. Cette petite ville et ses environs sont très fertiles en grains et en vins.

Verdun-sur-Saône. — Douze à quinze cents âmes. L'esprit n'y est pas mauvais. La municipalité est passable. Port sur la Saône; abondant en grains et en fourrages; les alentours sont assez médiocres, entr'autres les cantons de Saint-Martin et de Moirans. Dans celui-ci, la gendarmerie n'est pas mauvaise.

1. Du Chilleau (J.-B.) né dans le diocèse de Saintes le 7 octobre 1735, évêque de Châlons en 1781. Réfugié à Fribourg en Suisse pendant la Révolution. Refusa de donner sa démission en 1802. Archevêque de Tours en 1819, mort le 26 novembre 1824.

Louhans. — Environ trois mille âmes. Assez bon esprit; municipalité bonne; commissaire mauvais, ainsi que le juge de paix.

L'hôpital et la Charité sont aux mains des anciennes religieuses qui y ont été redemandées. Les biens auraient été vendus, sauf un domaine dont jouit l'hôpital. Le culte y est libre, le voisinage est médiocre.

Véreux avait conservé des relations en Bourgogne, comme le prouve la lettre suivante à lui adressée le 23 septembre 1798. Elle émane, dit-il dans la copie qu'il en a faite, d'un des chefs du clergé (l'abbé Colas?), et elle complète les renseignements qui précèdent, en indiquant la situation de Dijon et de ses environs, un an après le 18 Fructidor, au commencement de l'an VII :

« Ici le mécontentement est général à peu de chose près. Le commerce est tombé, les impôts sont excessifs, celui surtout des barrières a fait murmurer tout le monde. En un mot, l'opinion publique sur l'état actuel des affaires est, *en sens inverse*, au même degré qu'elle était à l'époque de la Révolution; et si elle finissait aujourd'hui, j'en serais moins étonné que je ne le suis de sa durée.

Les administrations sont modérées; nous sommes ménagés ici plus que partout ailleurs. Plusieurs prêtres reclus et qui devaient être déportés viennent d'être élargis. Les vieillards et les infirmes n'ont d'autre gêne que d'aller tous les jours signer leurs noms à la municipalité. D'ailleurs, libres, ils vont et viennent sans recevoir de personne la plus légère épithète.

On a fait une fois seulement les visites domiciliaires pendant le temps prescrit par le décret; elles l'ont été légèrement, chez peu de personnes; encore étaient-elles prévenues. J'en ai été exempt et je le savais d'avance.

La Commission militaire est à l'avenant des administrations, c'est-à-dire bonne. La troupe qui nous garde est au gré des honnêtes gens. On ne s'aperçoit pas que nous ayions des soldats, ce qui suppose que les chefs sont bons.

Il serait à souhaiter que l'on trouvât dans les campagnes la même ressource que dans la ville, mais elles ne songent qu'à leur intérêt. Les paysans sont, de ces côtés-ci, assez lâches et égoïstes; leurs terres, leurs récoltes, leur bétail les occupent tout entiers, le reste leur est indifférent. Cependant on en trouverait encore quelques-uns animés de sentiments généreux, et, si l'occasion se présentait, ils seraient bientôt remarqués et secondés par d'autres. Ce que je sais bien, c'est que l'on pourrait trouver ici plus de trente de ces bons buveurs que vous cherchez, qui seraient disposés à aller où on les appellerait, s'ils étaient sûrs d'y trouver de la besogne et de bons maîtres pour les conduire.

Nos collègues des ateliers voisins sont si rigoureusement recherchés, qu'on les a forcés de s'enfermer hermétiquement, de sorte qu'il ne nous est pas possible d'avoir communication avec eux. Vous savez qu'il est question d'une réquisition de 20 à 25. Cela consterne grand nombre de pères et de mères, et davantage encore les jeunes gens qui en sont l'objet. Ah! si tout était prêt pour recueillir ceux qui seraient disposés à suivre le bon chemin!

Nous avons toujours cet empoisonneur de journaliste que vous connaissez, et qui fait toujours beaucoup de mal.

Je vous ferai part exactement de ce qui pourrait survenir d'intéressant...... »

www.ingramcontent.com/pod-product-compliance
Ingram Content Group UK Ltd.
Pitfield, Milton Keynes, MK11 3LW, UK
UKHW032016260826
14628UKWH00006B/2514

9 782013 374293